Santiago A. López Navia

Pasmos de Tediato
(y otros poemas leves que pueden ser graves)

Edición, nota previa y notas a pie de página
de Dióscoro Vagalume

Ediciones de La Discreta
Colección *Bastardilla*

Primera edición: 2024

© Ediciones de La Discreta, S.L.

© Santiago A. López Navia
© del prólogo: Ramón Irigoyen
© de los dibujos de cubierta: Dativo Donate
© del diseño del retrato de Dióscoro Vagalume: Lobo Sánchez
Coordinación editorial: José Ramón Fernández de Cano y Martín
Diseño de cubierta: Roberto Ripio
Maquetación: Cristina Moreno Arroyo

ISBN: 978-84-18130-22-9
Depósito legal: M-4775-2024

Ediciones de La Discreta, S.L.
C/ Arroyo de los Sauces 14, 3º 2ª
28430 Alpedrete (Madrid)
Tel. 91 8515083, 625555882
www.ladiscreta.com
edicionesdeladiscreta@ladiscreta.com

Impreso en España / Printed in Spain

La gravedad de lo leve,
o Santiago A. López Navia, un excelente poeta

La lectura del maravilloso libro de poemas *25-33* —los números del bloque y de la vivienda familiar, en Madrid, de Santiago A. López Navia— fue para mí, que, durante años, fui discípulo ferviente del criminal marqués de Sade, fue, digo, un festín de bondad humana y de exquisito refinamiento poético. Esta bondad humana que exhalan los poemas es de la misma estirpe de la que gasta el gran Antonio Machado ("soy en el buen sentido de la palabra, bueno", dijo el maestro, que tuvo un hermano, Manuel Machado, que fue también un poeta de un nivel galáctico). Leyendo *25-33*, galardonado con el Premio Emilio Alarcos de Poesía, admiré el amor que el poeta expresa por sus padres y me acordé, claro, del "Familias, os odio", que dijo André Gide, y que, en el caso de López Navia, es, para su fortuna, "Familia, te quiero".

Pero incluso un hombre tan bondadoso como López Navia, por haber nacido, como todos los humanos, con un sistema límbico heredado de los reptiles, siente de vez en cuando la fascinación por el mal —¿a quién no le gusta el cine negro?— y escribe poemas satíricos para disfrutar el placer de ser malo. *El libro Pasmos de Tediato (y otros poemas leves que pueden ser graves),* para acercarme a la altura de las sátiras del poeta, lo he leído con los rescoldos de maldad que todavía humean en mí por mis lejanas lecturas del marqués de Sade, y lo he leído, invocando al marqués, con la intención de encontrar algún poema frustrado que no me gustase y he fracasado rotundamente. Me han gustado mucho todos los poemas. Desde el título del libro —que, en una lectura rápida, suena a retórica insípida y que, en una lectura lenta (y que es la adecuada) comienza a tener gracia incluso antes de que el lector sepa quién es este divino señor llamado Tediato— hasta el penúltimo poema, "Nueva carta de derrota del grumete James Wolfson", pasando, en la segunda parte del libro, por las "Empresas, hazañas y aventuras de Sir Yago de la Eterna Encrucijada, caballero aventurero, *ma non troppo*", el lector va de sorpresa en sorpresa por la enorme variedad de temas y por el refinamiento formal de todos y cada uno de los versos.

Hay que paladear el libro —la lectura, más que lenta, hay que insistir, debe ser lentísima— para percibir el sutilísimo humor y disfrutar con un libro originalísimo cuyo lenguaje, con tantos homenajes a los clásicos castellanos, es de la misma estirpe del que gasta Cela, con tanto acierto literario, en *La familia de Pascual Duarte*.

RAMÓN IRIGOYEN

Nota del editor

Quiere mi (mala) suerte que se me haya encargado la edición de los denominados "poemas leves" de Santiago Alfonso López Navia, tarea tan ingrata para mí como bien remunerada por el autor que, conocedor de la proverbial venalidad de la crítica literaria en general, y de la mía en particular, ha sabido persuadirme con un sabroso estipendio que le ha costado la ruina y del que la poca elegancia que aún me queda me impide dar más detalle. De otra forma habría yo acudido al "Verdes las han segado" y no al "Dame pan y llámame perro". Que quede claro desde el principio.

He de reconocer, en todo caso, que es muy de celebrar algo tan inesperado como que un poeta siempre grave como López Navia haya cedido a la inmanencia y se decida a publicar su poesía más crítica, satírica y desenfadada, aunque verá el lector que, en efecto, y como se apunta en el título, en los poemas que aquí recojo (tras mucho trabajo, todo hay que decirlo) no falta un poso de gravedad que se ajusta al registro más común en el autor.

Los poemas cuya edición he asumido en este libro se atribuyen a los tres heterónimos que emplea el autor para su "poesía leve": Tediato, Sir Yago de la Eterna Encrucijada y James Wolfson[1]. Los escasísimos y siempre decepcionados

---

[1] Suponiendo que sean heterónimos y no el resultado del más perverso latrocinio intelectual. Remito al principal especialista en la heteronimia lopeznaviana,

7

lectores de su "poesía grave" ya conocen al impulsivo, romántico y existencialista Jacobo Sadness y a su maestro, el ermitaño estoico Antero Freire, los igualmente improbables heterónimos que usa a veces cuando se rinde a la trascendencia.

Salvo aquellos pocos que fueron difundidos en redes sociales sin el menor éxito (por no decir que pasaron absolutamente desapercibidos)[2] y otros de cuya publicación doy detalle en las correspondientes notas a pie de página, una buena parte de los poemas que recojo en este libro son inéditos, y bien verá el lector que nada se habría perdido si siguieran siéndolo.

Agradezco muy sinceramente la hospitalidad de Phillips H. Craftlove, presidente de la Universidad de Miskatonic, durante mi estancia como escritor y editor sopista a lo largo del segundo semestre de 2023. Las apacibles dependencias

---

Dalmacio Faroles, a quien cito textualmente en su autorizado artículo "Los heterónimos de Santiago López Navia: ¿creación o apropiación?" (en *Cuaderno de Estudios Ociosos y Lábiles*, 14.1, 2008, pp. 13-14): "Es muy posible que López Navia se haya apropiado con osada falta de honradez de la identidad de tres personas reales de diferentes épocas para construir sus heterónimos. De acuerdo con nuestras investigaciones, y aunque Martín de Riquer no da cuenta de él en *Caballeros andantes españoles* (Madrid, Espasa-Calpe, 1967), parece probado que Sir Yago de la Eterna Encrucijada fue un caballero aventurero que recorrió el país de norte a sur en la primera mitad del siglo XVI participando con la más adversa fortuna en torneos y corridas de sortija. En cuanto a Tediato, hay documentos (aunque no muy contrastados) en los que se habla de un poeta con ese nombre que en el último cuarto del siglo XVIII fue capaz de conciliar el epigonismo barroco, el neoclasicismo y el prerromanticismo, habilidad que denota una envidiable cantidad de tiempo libre. Algo de verdad puede haber en el dato, teniendo en cuenta que el protagonista de las *Noches lúgubres* de José de Cadalso se llama precisamente Tediato. Por fin, parece documentado que James Wolfson fue un grumete de mediados del siglo XIX que se enroló en el Galerna, el barco del tristemente famoso capitán Lamprea, con quien se dio al corso dedicándose exclusivamente al tráfico ilegal de libros. Las menguadas (más bien inexistentes) ganancias atesoradas en sus incursiones motivaron una última singladura a la desesperada en las peores condiciones y con el peor desenlace, según atestiguan los testimonios del misionero español fray Abundio de la Santísima Paciencia"

[2] Así lo sostiene y demuestra Frida Katzesser en su completo libro *Das volldigital Schriftstück von Santiago A. López Navia* (Münster, Karahueben Verlag, 2018).

del campus, los idílicos y luminosos paisajes del entorno y la amabilidad y gracia naturales de los estudiantes, colegas y habitantes del lugar fueron determinantes para elaborar mi trabajo con la concentración y el sosiego necesarios, a pesar de los extraños cantos de algunos seres que amenizaban la noche.

Espero que el lector perdone el disparate que supone entregar este libro a la imprenta, pero el que paga manda.

Arkham (Massachusets), noviembre de 2023

DIÓSCORO VAGALUME
Doctor en Letras

DIÓSCORO VAGALUME*
Doctor en Letras

* La Discreta agradece a la Universidad de Miskatonic su gentileza al facilitarnos el retrato del Dr. Vagalume.

Tautograma tontísimo

sive
alarde retórico
al que hubo de apelar
el **Conde de Abascal**
para rogar a su dilecto Tediato
que sofrenase un punto el potro desbocado de sus rimas,
por estorbar que siente plaza de severo, huraño y furibundo
quien solo puede ser reputado
de incólume en lo moral,
doctísimo en lo académico,
ejemplar en lo virtuoso
y justo, atinado y cabal
en la dispensa de cualquier censura

¡Tente, Tediato! ¡Tómate tu tila!
Templa, tahúr, tus tétricos tambores.
Transfigura tus tropos transgresores
tras tu traza templada, tan tranquila.

Tu tono tenso, trémulo, titila.
Tamizando tus trinos turbadores,
tonsura teologal tendrá temblores,
turco turbante tomará tequila.

Tirios te temen, témente troyanos;
tres tristes tigres temen tu tremendo
telúrico tronar, tu tosco trato.

Tras tus trémolos tercos, tan tiranos,
¡trono trino tirita, transcendiendo
tu terrible trovar! ¡Tente, Tediato!

A Francisco Baena Llamas, Miguel Ángel
González Pelaz y Gabriel Merino Oller, amigos
del alma, con quienes he sabido reír hasta la
lágrima y con quienes también he sabido llorar.

O saeclum insapiens et infacetum.

CATULO

What sights you, heart, saw; ways you went!

GERALD MANLEY HOPKINS

A veces el poema quiere ser exorcismo.

PEDRO LÓPEZ LARA

Pasmos de Tediato

De Tediato a un descabezado que, incapaz de usar su cráneo para pensar con tino y hablar en consecuencia, usolo para dar una soberbia calabazada a su oponente

¡Cuán de cabeza vas! Dios nos asista
y guarde del peligro de tu testa.
Torero habré de ser que estoque apresta
y aguarda a que el morlaco atroz embista.

Afine el lidiador, y que la vista
prevenga la testuz del jato enhiesta.
No se hizo para mansos esta fiesta,
ni habrá rejoneador que la resista.

Malhaya quien de su cabeza abusa
y no para pensar como debiera,
ni para frecuentar la dulce musa.

Porque para topar con la mollera
le basta a quien la pone como excusa
la molla que le falta en la sesera.

Donoso caso que Tediato supo por Cratilo

Por su bella Marfisa, en dulce celo,
hallábase Cratilo, y por gozalla,
fuésele la jornada en esperalla
sin conquistar la prenda de su anhelo.

Salió a la calle por buscar consuelo
y en un hueco sombrío en la muralla
vio como Leonelo, el ruin canalla,
holgaba con Marfisa. "¡Vive el cielo!

—clamó Cratilo—, ¡oh suerte traicionera!
¡Cuán vanamente, oh necio, yo esperaba!"
Mentó a los muñidores de su afrenta,

mentó a la madre vil que los pariera,
y mientras la mentaba, lamentaba
su engaño, su dolor, su cornamenta.

Duélese Tediato de que su suerte con el proceder ajeno sea siempre la misma y vaticina la causa segura de su fin

Oye mi planto, Fabio, caro amigo,
aunque lo que has de oír no es cosa nueva
(pues ha ya mucho tiempo, bien te consta,
que para mí, cuitado, no hay remedio).

No curo de las viles asechanzas
que en derredor me crecen como setas.
En todo el mundo fío, y así pasa:
que se me queda cara de panoli
(si es que me queda cara tras el trance,
pues con harta frecuencia me la rompen).

¡Cómo recuerdo, Fabio, en estas horas
las útiles lecciones que me dieron
aquellos dos ilustres mis amigos!
El uno, general de artillería;
el otro, compañero en los afanes
por desasnar a los adolescentes
(en tiempos, porque todo ha de decirse,
en que los asnos, Fabio, no eran tantos).

Jamás podré olvidar lo que el primero
me confesó en conversación amena:
—Tediato, escúchame, yo no me fío
ni de mi amado padre (en paz descanse).

Y cuántas veces vuelve a mi memoria
aquello que el segundo me espetara
tras escuchar la charla seductora
de alguien que no era lo que aparentaba,
o bien no aparentaba lo que era.

Recuerdo que era calvo (y nada tengo,
oh Fabio, bien lo sabes, contra aquellos
que lucen dignamente su alopecia).
El caso es que, acabado su discurso,
yo concluí, cual siempre, confiado
(por no mudar en esto mi costumbre):
—Paréceme, Cratilo, que es un hombre
profundamente...
                —Calvo —interrumpiome—,
profundamente calvo, no te engañes,
Tediato, o ha de pasarte lo de siempre.

¡Cuán sabias sus palabras, vive el cielo,
y cuán duros en cambio mis oídos!

Con todo lo que te he contado, Fabio,
y todo lo que aún ha de ocurrirme,
yo sé muy bien, pardiez, por qué motivo
he de rendir el alma cuando venga
la fría Parca a verme en hora aciaga.
No he de morir de fiebres ni de reúma,
ni por el fiero cancro consumido,
ni el mal francés me llevará a la huesa,
ni de la peste la terrible lacra,
ni el sarampión, la tisis o el infarto
quebrantarán mi carne marcesible.

En mi epitafio, Fabio, estará escrita
la causa inevitable de mi muerte:
"Aquí yace Tediato. Caminante:
reza por él. Murió por gilipollas"[3].

---

[3]Muy enfadado debía estar el autor, nada dado al exabrupto, para consentir que uno de sus heterónimos emplease un vocablo tan inelegante para cerrar el epifonema de este planto.

Ensalza Tediato a Ramón Irigoyen, poeta jocundo, en la presentación de su *Romancero satírico*[4]

Armado de versos gráciles,
esgrimiendo pluma acerba,
el gran Ramón Irigoyen
a su sabor romancea.
No se libran de su dardo
la derecha ni la izquierda,
y nadie esquiva, aunque corra,
su puntería certera.

Escuchad, mortales todos,
los de arriba y los de abeja
(que algunas veces la rima
nos perdona una licencia);
escuchad, nobles, plebeyos,
capital, legión famélica,
gente común, aristócratas,
siervos y amos de la gleba:
más vale que seáis ejemplo
de probidad y decencia
si no queréis ser heridos
por la espada ramonesca,
que con certeros mandobles
a discreción, nunca deja
ni cabeza con sombrero,
ni títere con cabeza.

---

[4]Este romance fue leído el 17 de mayo de 2012 en la presentación de Ramón Irigoyen con motivo de su lectura del *Romancero satírico* (Visor, 2011) en la Tertulia Literaria Hispanoamericana Rafael Montesinos del Colegio Mayor Guadalupe, en Madrid.

Escuche el senado ilustre
con arrobo y reverencia.
Que calle el presentador
y que Irigoyen lo lea.

Quéjase Tediato del estado de las calles de la Corte, tomadas por los excrementos de los perros por mor de la negligencia de sus dueños[5]

Madrid es una gran mierda de perro,
un frenesí, un alarde excrementicio,
un blando y maloliente maleficio
urdido en el magín de un can gamberro.

Para sus sucios amos el destierro
reclamo y un muy justo sacrificio:
que les sea marcado el orificio
anal con un tizón de ardiente fierro.

Diríase que un cánido gigante
ha dibujado un fétido camino
de modo que su rastro no se pierda,

y bien puede apreciar el paseante
que en toda la ciudad, oh triste sino,
no queda ni un rincón do no haya mierda.

---

[5] Este soneto se publicó por primera vez en la sección de poemas inéditos de *Vivir es llegar tarde a todas partes. (Antología 1986-2017)*, editada en Sigmalión en 2017.

Suceso que fue famoso del naufragio abascalino[6]

Jamás viera el Danubio proceloso
prodigio tan notable y celebrado
como el que vio aquel día señalado
por el valor del Conde victorioso.

Fuese su barco a pique, mas, calmoso,
mientras crecía el agua en el sollado,
se encaramó a la cofa confiado
y dijo desde allí, grave y donoso:

"¡No mengüe agora, hermanos, vuestro brío!
¡No habremos de morir en las remotas
ondas de aqueste cauce tan valiente!"

Tal dijo, y arrojose luego al río,
y fueron salvavidas sus pelotas
triunfantes del fragor de la corriente.

---

[6] Poema inspirado por el naufragio que en efecto se produjo en el transcurso de un crucero de placer del Conde de Abascal y mi señora doña Ana en el Danubio en julio de 2017.

Extráñase Tediato de las ocurrencias gramaticales en las que caen algunos y algunas ilustres servidores y servidoras de la política hodierna[7]

A la congresa va la portavoza
cargada de razonas y argumentas
que muestran, con ejemplas evidentas,
cuán fácilmente el lenguo se destroza.

La puebla, en ocurrencios tan veloza,
proclama con discursas vehementas:
¡Bien hayan las cerebras eminentas!
¡Bien haya su entusiasma tan feroza!

Yo, que no tengo un brizno de machisto,
ni dejo que las falsas arrebatas
saquen a mi sin huesa de pasea,

a esta conseja aquí no me resisto:
vaya la zapatera a sus zapatas
y baste ya de tanta cachondea.

---

[7] Publicado por primera vez en el blog *Náufragos en tiempos ágrafos* de La Discreta Academia el 26 de febrero de 2018.

Quéjase Tediato de la lacerante vileza
que sufre el universo mundo

Especie universal y protegida,
hueste de Leviatán, legión abyecta,
basca de bilis negra, piara infecta
que hoza entre hiel y orín en su guarida.

Hoguera saturnal siempre encendida.
Inmensa hez deyectada en línea recta.
Estirpe de Lilith, infamia erecta
sobre la probidad escarnecida.

Empusas, larvas, orcos pestilentes
peritos en el arte del castigo.
Hediondos polifemos en su gruta,

liendres, sarna, limacos y serpientes.
¿Que quién es esta plaga, Fabio amigo?
Los hijos de la grandísima puta[8].

---

[8] Cfr. supra, nota 3.

Discretos apuntes para una *Nueva y brevísima antología modelna [sic]* en la que Tediato remeda la forma de perpetrar poesía que suelen frecuentar algunos/as poetas harto influyentes y exitosos/as de hogaño

o

Muestra provisional e incompleta de versáforos (según la sabia denominación acuñada por el maestro Pedro Mariné)[9]

1

Dejaste en mi corazón una herida profunda
que rezumaba en mi pecho.

Córtate las uñas,
hombre,
ya.

2

Uno de estos días iré a pedirte un poco de sal,
y tú me darás un poco de tu sol,

---

[9] Publicado por primera vez en *Náufragos en tiempos ágrafos* el 12 de febrero de 2019. Desdémona Remington da en el clavo cuando pone en evidencia el homenaje de estos discretos apuntes a los poemas paródicos de la *Antología modelna* que Federico García Lorca compuso en los años 1927 y 1928, pero también acierta cuando expone que el autor que se refugia en Tediato no nombra a los poetas que parodia, a diferencia de lo que hiciera Federico, y ello "tal vez porque el estilo de los/las poetas cuyo estilo imita Tediato no sea muy diferente por su elaboración" (*An approximate approach to approaches to the last Spanish poetry*, Liverpool, Magpie Press, 2020, p. 97, traducción del editor). Una buena muestra de este tipo de poesía forma parte de los ya casi borrados textos que se grabaron en el asfalto de algunas calles de Madrid no hace muchos años para que los peatones disfrutaran de su genialidad a tiempo de cruzarlas. De ahí el atinado nombre de "versáforos" sabiamente sugerido por el maestro Pedro Mariné, excelso pianista y compositor (y aquí el editor no se permite licencia irónica alguna).

y tu sol y mi sal
serán la luz y el aderezo
de los días oscuros e insípidos.

3

Yo pensaba que el amor era otra cosa.
Tú no pensabas que el amor era otra cosa.
Él pensaba que el amor era otra cosa.
Ella no pensaba que el amor era otra cosa.
Nosotros pensábamos que el amor era otra cosa.
Nosotras no pensábamos que el amor era otra cosa.
Vosotros pensabais que el amor era otra cosa.
Vosotras no pensabais que el amor era otra cosa,
y ellas y ellos no pensaban
(iban a su maldita bola).

Esto es un galimatías formidable
y así no hay forma de gobernar esta galaxia
expansiva e insondable del amor,
mi joven padawan.

4

Cualquier lugar a donde yo vaya
sin ti,
será exacta, fatal
e irremediablemente
cualquier lugar a donde yo vaya
sin ti.

5

Allí estabas,
esperándome en el descansillo,

consumiéndote de ansia en la espera,
atenta a mi llegada que no llegaba.

Fueron horas interminables y eternas
(lo sé, me hago cargo),
así que no vuelvas a olvidar las llaves.

6

Detrás de los sillones,
debajo de las camas,
en los rincones más inaccesibles de los armarios,
se acumulan las bolas de polvo de tu ausencia.
Ya te digo.

7

Do.
Re.
Mi.
Fa.
Sol.
La.
Ahora venía el Si, creo,
pero el pentagrama de tu amor
(tú bien lo sabes)
es imprevisible
e improvisable.

8

En las rebajas del amor
los saldos no son de fiar
y las gangas cuestan caras.

Prefiero el amor de temporada
que pasa en su momento exacto
y ocupa su lugar exacto
en las pasarelas
y en los escaparates,
y tal.

9

Tus largos silencios
son mucho más elocuentes
que mis breves discursos
certeros y burbujeantes.

No sé cómo lo haces
y sí sé que debería aprender de ti,
pero ahora (oh, yeah!) tengo cita con el podólogo.

10

Voy a colgarle a mi gato
el cascabel de esa sonrisa tuya,
y así le oiré reír cuando se acerque
y a ti te oiré maullar
cuando mi gato salga a estirarse al balcón,
y luego tu sonrisa se estirará en el balcón,
y yo maullaré
y mi gato se colgará el cascabel
y tu reirás estirándote en el balcón.
¿Vale?

Pásmase Tediato de la rara propensión de quienes, en estos tiempos tan confusos, se empeñan en cambiar los cuentos infantiles de toda la vida de Dios[10]

Vaya Caperucito tras la loba.
Despose a Ceniciento una princesa
y ved que sea otra la que besa
a aquel bello durmiente en la su alcoba.

Que un brujo seductor lleve en su escoba
volando de paseo a una duquesa
y que los ojos garzos de una ogresa
muevan a un elfo bizco a darle coba.

Mejor que una patita sea la fea
y una feroz cerdita enajenada
les tire a las tres lobas su casita,

y en la resaca de una melopea
cualquier hada madrina despistada
convierta en sirenito a Pulgarcita [11].

---

[10] Publicado por primera vez en *Náufragos en tiempos ágrafos* el 23 de abril de 2019.

[11] Según las atinadas indagaciones de Saturnino Cereixa "parece que el auténtico verso final de este soneto es 'se meta por el culo la varita', pero tal exabrupto es de todo punto impensable en la acreditada prudencia, la ejemplar mesura y la reputada contención de Tediato y del autor que oculta su heterónimo" ("A máxica arte da carallada", *Nova Revista de Estudos Boubexos*, nº 25, 2021, p. 5, traducción del editor).

Pásmase Tediato del incomprensible acaparamiento y rapiña de papel higiénico en las tiendas y colmados del Reino en estos tiempos oscuros de coronavirus[12]

¡Cuán necio el proceder de los mortales,
y cuán extraña, Fabio, su quimera!
¿Se caga más acaso en primavera?
¡Repletos han de estar los albañales!

¿Comen papel las gentes principales,
el vulgo, el clero, el gato y la portera,
o es nueva esta deidad que se venera
por sus raros poderes inmortales?

¿Cómo se entiende, Fabio, la locura
de aquesta higienopática manía
que no frena ni el mismo Trasibulo?

La ciencia lo sostiene y lo asegura
también la muy sagaz filosofía:
mengua el cerebro cuando crece el culo.

---

[12] Publicado por primera vez en *Náufragos en tiempos ágrafos* el 15 de marzo de 2020.

Epístola pandémica a Cratilo

Cratilo, míralo: vuelven los bárbaros.
Veraslos esgrimiendo gruesas clavas
del uno y otro lado en las trincheras,
mientras profieren, necios, sus mugidos
(o si mejor lo quieres, sus regüeldos).

Mira cuán entusiastas desentierran
la momia de Caín, siempre incorrupta,
del panteón enorme y atestado
que es esta España fosca y fratricida.
Mira cómo en sus sombras se dibuja
el esbozo de causas ancestrales
(heridas mal cerradas que resisten
el tránsito imparable de los siglos).
Si miras bien verás a sus espaldas
los fantasmas airados de otros tiempos
sedientos de venganza insatisfecha
(isabelinos contra beltranejos;
cristianos y judíos y moriscos;
cristianos viejos y cristianos nuevos;
carlistas y cristinos, y unos años
después franquistas y republicanos).

Si estás atento los verás, Cratilo,
lanzándose los muertos mutuamente
y envolviendo pretextos en banderas
entre gritos trufados de falacias
(*qui prodest? Tu quoque. Nego maiorem*).

¡Qué triste este país que solo entierra
el hacha de su guerra interminable

el día en que su selección de fútbol
alcanza la final de algún torneo!
Oirás, Cratilo, entonces, no lo dudes,
las gargantas de tirios y troyanos
unidos por un himno indiscutible:
lolo lolo lolololololó.

¡Oh tiempos! ¡Oh costumbres sin remedio!
¿Cómo pedir del pueblo la prudencia
en medio de tamaño disparate?
¿Quién puede censurar a los discípulos
si faltan los maestros al ejemplo?
¿Cómo afearles, dime, la conducta
si no hallan probidad entre sus próceres?

Tanto tiempo vivido, tanto tiempo,
y no hemos aprendido a vivir juntos,
Cratilo. Ni morir juntos sabemos.

Asómbrase Tediato de la estulticia manifiesta de quienes niegan la plaga de coronavirus que azota todo el Reino

¿Negacionistas dices que se llaman,
Cratilo, aquellos necios reputados?
Tontos es lo que son y acreditados,
y tontos de remate se proclaman.

Destilan necedad y la derraman
con ínfulas de tontos ilustrados,
sin dejar de ser tontos entregados
al balido de un tonto a quien aclaman[13].

Ser tontos es su oficio, su quimera,
en ser tontos se ocupan con afán
alzando a fuer de tontos su bandera

haciendo verdadero aquel refrán
que dice que los lunes y los martes
los tontos son legión en todas partes.

---

[13] No se ponen de acuerdo los estudiosos de la poesía de López Navia sobre cuál pueda ser el tonto en cuestión, porque los candidatos son muchos, aunque alguno de ellos, en efecto, es tonto con tres decimales. Como se decía en nuestros gloriosos Siglos de Oro, "averíguelo Vargas".

Indígnase Tediato por la negligente conducta de quienes, invocando la libertad, amenazan la de sus conciudadanos y el bienestar del Reino todo

I

¿Qué libertad, Cratilo, es la que invoca
tanto bárbaro suelto, me pregunto?
¿Por qué rebuzna tanto necio junto
prodigando estulticia por su boca?

"Soy libre", grita mientras se desboca.
"El mundo y los demás no son mi asunto.
¿Que viene un bombardeo? Pues me apunto
y tiro siempre yo porque me toca".

Y en tanto que entre tirios y troyanos
vase también la ley de cachondeo
del bracete feliz de la jarana,

cantan los mentecatos tan ufanos
al ritmo que les marca el corifeo
haciendo, al fin, lo que les da la gana.

II

¿Cómo explicas, Cratilo, que se arroguen
la libertad aquellos que la arrollan?
¿De qué chistera mágica se sirven
para sacar conejos que disfrazan
con pelaje fingido tanta sierpe?

¿Cómo logran, funámbulos audaces,
que el lastre no les quiebre el equilibrio
y cómo se averiguan sin perderse
en tantos argumentos malabares?

Guárdenos Dios, Cratilo, de los necios
que embisten al momento en que se invisten,
y mientras tanto, tú, prudente, sabio,
quintaesencia cabal de la sindéresis,
dime si entiendes algo y si es que puedes
átame aquesta mosca por el rabo.

Pásmase Tediato de las alucinadas especulaciones a las que se entregan los mentecatos que se hacen llamar terraplanistas[14]

Dicen, Cratilo, que la tierra es plana
esos necios osados y ocurrentes,
mientras surcan tenaces las corrientes
de un mar que se imaginan palangana.

No cabe en su mollera casquivana
la ciencia de los sabios eminentes.
¿Querrás argumentar? Dirán que mientes.
¿Te mueve la verdad? ¡Oh, empresa vana!

No te extrañen, Cratilo, su arrebato,
su falacia vestida de certeza,
ni su rebuzno alegre de jumentos.

Quebrantar su delirio es insensato,
que a quienes tienen plana la cabeza
no persuaden ni ciencia ni argumentos

y siguen, tan contentos,
constantes en su error de medio a medio
viendo la tierra plana sin remedio.

---

[14] Publicado por primera vez en *Náufragos en tiempos ágrafos* el 22 de septiembre de 2020.

Ríndese Tediato ante el acabado arte palindrómico de micer Eduardo Sanz, avezado enólogo[15]

¡Oh, genio de la ciencia palindrómica,
munífico adalid de la gramática,
que con rara pericia matemática
logras la perfección casi astronómica!

¡Qué mágica mistura grave y cómica
destílase en tu péndola emblemática
con técnica asombrosa y sistemática,
titánica y hercúlea y hegemónica!

¡Loor al palindrómico Eduardo,
artífice feraz del verbo lógico,
de plectro siempre lúcido y prolífico!

¡Loor al sabio y grande gloria al bardo
que con su dulce báculo enológico
se alza en triunfo, hermético y magnífico!

---

[15] Publicado por primera vez en *Náufragos en tiempos ágrafos* el 2 de noviembre de 2021. Eduardo Sanz Iglesias es un avezadísimo compositor de palíndromos, que destaca por su feracidad en este permanente juego al que se entregan con grandísimo provecho algunos miembros ociosos de La Discreta Academia.

Pásmase Tediato de la rara sabiduría que derrochan algunos audaces estultos que se permiten opinar sin despeinarse sobre todo lo divino y humano[16]

> ¿Habéis visto
> nada más tenebroso
> que un tonto?
>
> JOSÉ ÁNGEL VALENTE

Líbranos, Dios, de tanto inteligente
de verbo tan soberbio y atorrante
que pontifica a voces, arrogante,
con su rebuzno necio y prepotente.

Líbranos, Dios, del fatuo efervescente
con ínfulas de Júpiter tonante,
que toma la lección siendo ignorante
y confunde sustancia y accidente.

Con tanto sabio suelto me barrunto
que habrá que resignarse ante el encanto
de tanta luz y tanto lucimiento

y no olvidar la chicha del asunto:
que se puede ser tonto siendo tanto
y sin talante no renta el talento.

---

[16] Publicado por primera vez en *Náufragos en tiempos ágrafos* el 24 de agosto de 2022.

Habiendo encontrado en un rellano de una escalera restos asaz sospechosos, reconviene Tediato a quienes olvidan el necesario decoro por entregarse sin freno al desenfreno

Apasionados amantes
que no veis el estropicio
de dejar el desperdicio
de vuestros tratos galantes
que terminan en fornicio,
oíd: que os refociléis
en recónditos rincones,
bien está, mas no dejéis
tirados cuando acabéis
en el suelo los condones.

Coplas de pie cabreado a Cratilo
en las que Tediato se duele de la falta de entendimiento
que aqueja al Reino y al mundo todo[17]

¿Ves, Cratilo, las señales
de aqueste siglo que augura
tiempos recios
donde hay tantos animales
lanzados a la conjura
de los necios?

Ve cómo se desgañitan,
cretinos desaforados,
dando voces.
Ve, Cratilo, cómo imitan
a los mulos desatados
con sus coces.

¿Dónde la razón y cuándo
quedó, Cratilo, arrumbada?
¿Cómo puede
pretenderla rebuznando
una acémila obstinada
que no cede?

No les reclames que esgriman
su batería invencible
de argumentos.
Bástete con que repriman
su vocación imbatible
de jumentos.

---

[17] Publicado por primera vez en *Náufragos en tiempos ágrafos* el 6 de febrero de 2023.

Y mientras buscan la pulpa
en la cáscara y no dentro
de sus frutos,
los unos echan la culpa
al otro del desencuentro
como brutos.

En lugar de debatir
alumbrando las verdades
escondidas,
prefieren darse a muñir
tremendas hosti(a)lidades
desmedidas.

(Discúlpame la licencia
ortográfica, lector,
que propongo,
y decide en tu conciencia
si una vocal es mejor
que un diptongo).

Y sea tirio o troyano
quien se dice gobernante
ducho en leyes,
bien puede perder la mano
si pone el carro delante
de los bueyes.

¿Dónde quedó la efusión
de aquel consenso famoso
que tuvimos
en aquella transición
tras el pasado ominoso
que vivimos?

¿Dónde fue el entendimiento
de Carrillos con Miñones
y con Fragas?
Hoy son juguete del viento
quienes mudan opiniones
como bragas.

(No me juzgues por usar
de vez en cuando estos símiles
tan soeces,
pues es mejor que abusar
de tropos inverosímiles
muchas veces).

Y mientras los agoreros
mantienen al mundo en vilo
con las tubas
del fin, los de los dineros
están, ya lo ves, Cratilo,
a por uvas.

Queda tiempo todavía
de enmendarse. Tú resiste.
Piensa al menos
que Marco Aurelio decía
que nuestra vida consiste
en ser buenos.

Y aunque las bonanzas tardan
tú no depongas jamás
tus valores
y sabe que nos aguardan
otros tiempos, ya verás,
aún mejores.

**Seguro de estar procurando el bien de la humanidad,
aconseja Tediato a un descerebrado feminicida la
conveniencia de invertir el orden en el procedimiento
cuya aplicación se propone**

¿Por qué, asesino abyecto, indeseable,
montón inabarcable de basura,
piltrafa de excremento revenido,
alumno aventajado de Landrú,
no actúas sabia, limpia y rectamente
adelantando el plan desde el principio?

Renuncia a distraerte en otros trámites
y vete al grano ya sin perder comba.
Si al cabo te propones suicidarte,
¿por qué perder el tiempo en pasos previos?

Tú aplícate a matarte sin demora,
elige el escenario, cuida el método.
Tienes donde elegir. Tal vez te guste
defenestrarte en vuelo elegantísimo
entre tirabuzones increíbles
desde el piso más alto o la azotea
de un rascacielos de trescientas plantas.
Otra opción muy notable, si bien miras,
es ingerir cinco litros de arsénico,
o tenderte en la vía mientras gozas
la carga amable y larga que transporta
un tren de mercancías a su paso.

Si no te satisfacen las propuestas,
arrójate con una tonelada
de lastre en cada pie, por ir ligero,

en la fosa abisal de las Marianas,
y si es el fuego lo que te seduce,
tras rociarte todo en gasolina
prende la hoguera justo en esa parte
donde tu anatomía es más sensible
y se acreditan todas tus carencias,
y no hablo del cerebro; no lo tienes.
(Si quieres acudir al romancero
me refiero a ese apéndice, ya sabes,
por do pecaste tanto y tantas veces[18]).
Hay muchas más opciones, desde luego,
pero estas cuatro son harto eficaces.

Y así, cuando ya estés despanzurrado,
o no quepa más agua en tus pulmones,
o seas un rosario de despojos
infectando traviesas y raíles,
o no queden de ti ni las cenizas,
entonces, si es que tienes lo que dices
que tienes y que tiene de razones
tan solo lo que rima en consonante,

---

[18] Es evidente el guiño a los versos del romance de la penitencia del rey Rodrigo en los que el penitente le cuenta al ermitaño que le acompaña en su penar por dónde empieza a devorarle la culebra con la que es encerrado en una fosa ("Ya me comen, ya me comen / por do más pecado avía"). Durante mi estancia en la Universidad de Miskatonic tuve el privilegio de acceder a uno de los artículos más difíciles de encontrar entre las autorizadas investigaciones de la profesora Palmira Palmer, catedrática en la referida casa de estudios superiores que tan amablemente me acogió, en el que afea la conducta del autor por acudir a fuentes tan reconocibles: "Es un auténtico desacierto que López Navia se base en un texto del romancero viejo, que cualquier lector actual puede identificar fácilmente, en vez de acudir a recursos mucho más originales por menos frecuentados, como la rima de 'gloria' con 'historia' o las muchas posibilidades que ofrece la mención al 'marco incomparable', entre otras opciones igualmente audaces y disruptivas" ("Tópica atópica, apática y atípica en los heterónimos lopeznavianos", en *Proceedings of the International Conference on Inmanent, Divergent and Detergent Poetry*, Miskatonic University Press, Arkham, Massachusetts, 2002, p. 666).

cuando estés muerto y más, requetemuerto,
muerto y bien muerto ya, vas y la matas.

Empresas, hazañas y aventuras de Sir Yago de la Eterna Encrucijada, caballero aventurero *ma non troppo*

Sir Yago de la Eterna Encrucijada declara su fe de caballero
(poema leve que puede ser grave)

Alerta cuando aún no ha amanecido,
dispuesto a resistir en todo trance
y allí donde el aliento ya no alcance
saberse derrotado y no vencido.

Alzarse tras de nuevo haber caído,
darse sin concesión en cada lance
y hacer que sea el alma la que avance
cuando el brío del cuerpo haya cedido.

Librar la gran batalla sostenida
por mí, solo por mí y contra mí mismo
(mejor que redimir es redimirse),

y mientras haya fuerza y quede vida,
incluso al borde incierto del abismo,
abatirse jamás; siempre a batirse.

Y presto a no rendirse
lo firma con la pluma y con la espada
Sir Yago de la Eterna encrucijada.

Sir Yago de la Eterna Encrucijada urge al Conde de Abascal a volver a empuñar su elevada lira tras una heroica victoria atlética[19]

Juraba el Conde un día con voz fiera
no volver a escribir curso rimado
en tanto no quisiera el negro hado
premiar a la parroquia colchonera.

"Cese todo cantar —así dijera—
y ríndase la lira ante mi enfado.
Yo he de enterrar mi plectro silenciado
del Manzanares triste en la ribera".

Más hete aquí que en los campos teutones
supo Forlán tundirle la barriga
a la pérfida Albión en brava gesta.

Retorna, Conde, al punto a tus canciones,
pues luce rojiblanca la Euroliga.
Depón tu enojo ya y la lira apresta.

---

[19] Es fama que el Conde de Abascal, colchonero de pro como Sir Yago, hizo el juramento de no volver a escribir poesía hasta que el Atlético de Madrid volviera a ganar un título, cosa que sucedió el 12 de mayo de 2010, día en que el Glorioso se convirtió en campeón de la Euroliga endosando un 2-1 al Fulham inglés gracias a los buenos oficios de Diego Forlán.

**Teniendo cierta noticia (que no noticia cierta) del caso
a través de un rumor extendido en la Villa y Corte,
celebra Sir Yago de la Eterna Encrucijada la pulcritud
y diligencia con la que el Conde de Abascal cumplió
su juramento de vestir falda escocesa si el
Atlético de Madrid ganaba un título[20]**

Jamás se vio en las ferias isidriles
suceso tan bizarro y atrevido
como en aquella tarde en que vestido
fue el Conde de escocés por los madriles.

Las gentes en el coso, que eran miles,
volvían su mirada hacia el tendido
en donde un William Wallace renacido
dejó sin luz la arena y los toriles.

Oh diestros, oh caballos, oh cuadrillas,
oh, tú, bruto bragado y astifino,
a ver lo nunca visto yo os convoco.

Gozad de aquestas nuevas maravillas,
que con gallardo porte abascalino
el Conde va con faldas y a lo loco.

---

[20] Las crónicas de la villa de Madrid atestiguan que, como consecuencia del título ganado por el Atlético de Madrid del que se da cuenta en la nota anterior, el Conde de Abascal cumplió la promesa de ir a los toros en Las Ventas vistiendo muy donosamente el *kilt*, la tradicional falda escocesa.

Sir Yago de la Eterna Encrucijada, caballero aventurero *ma non troppo*, insta al universo mundo a aflojar la mosca en pro de la recaudación para editar un disco con versiones musicales de los poemas de Julia de Burgos[21]

Oídme, caballeros y villanos,
gentes todas del orbe inabarcable:
sabed que es menester echar un cable.
¡Acudan generosas vuestras manos!

Terrícolas seáis o venusianos,
o espíritus del éter insondable,
sirénidos del Ponto formidable,
pigmeos, hotentotes, bosquimanos:

la gran Julia de Burgos os reclama
y en su honra y prez pregona La Discreta
el bando universal de este su encargo.

Venga como el maná vuestra derrama
y todo quisque al punto se someta
ante el clamor del "payo, dame argo".

---

[21] En 2013 La Discreta Academia promovió una recaudación pública de fondos (que el vulgo llama *crowdfunding*) para acometer uno de sus proyectos discográficos más ambiciosos relacionado con la obra de la gran poeta puertorriqueña Julia de Burgos: la grabación del doble CD *Rebelde Soledad,* publicado en 2014 en la colección Crêt-à-disc, con la participación de artistas de la talla de Pilar Jurado, Zenet y Niño de Elche entre muchos otros.

Sir Yago de la Eterna Encrucijada, caballero aventurero *ma non troppo*, llama al discreto senado a la moderación y al sosiego[22]

¡Pardiez, y cuán revuelto baja el río!
¡Con qué furor debaten los discretos,
urdiendo imprecaciones en sonetos
que rinden homenaje al desvarío!

¿Por qué, decid, aqueste pío pío?
¿Ya nadie brinda al Conde sus respetos?
¿Quebráronse los votos tan perfetos
que hicimos tiempo ha con tanto brío?

¿Dó está la lealtad? ¿Dó la constancia?
¿Tornáronse basura, lodo, escoria?
¡Acabe ya esta bulla mentecata!

¡Cuán frágil la que fue perseverancia!
¡Cuán débil gratitud, y la memoria,
cuán leve, cuán mezquina, cuán ingrata!

---

[22] Este soneto y el siguiente forman parte de una de las proverbiales "disputas a sonetazos" tan comunes entre los miembros de La Discreta Academia. Como se puede ver, Sir Yago se convierte en ambos en valedor del Conde de Abascal, a quien otros miembros del discreto senado reprochan su indolencia y su relajo habituales. Junto con los demás sonetos de la disputa, se incluyeron en *Los papeles secretos de La Discreta* publicados en 2017 con alguna variación con respecto a la que se incluye en este libro.

Persiste Sir Yago de la Eterna Encrucijada en la llamada a la calma erigiéndose en paladín del Conde de Abascal y excusando elegantemente dos consonantes soeces* por no hacer mudanza en su costumbre[23]

¿Quién dijo que el relajo fuese ausencia?
¿Quién turba de Abascal el regocijo
que guarda el ocio dulce en su entresijo?
¿Quién osa decir tal? ¡Ved qué insolencia!

A ciertos vates vagos me dirijo:
no quebrantéis del Conde la paciencia.
Descanso es su silencio, no indolencia.
No confundáis un churro con un páncreas*.

¡Aquí de los discretos sin fisura!
¡Oh brigadier García[24], guarda el fuerte
con tu valiente sable y cien aviones!

Retorne a mis señores la mesura
o acabaremos todos (negra suerte)
tal que hasta los mismísimos tobillos*.

---

[23] El curioso lector ha de intuir qué palabras debe emplear en vez de "páncreas" y "tobillos" para rimar con "dirijo" y "aviones". No le corresponde al editor dar este tipo de pistas, y menos cuando están en juego vocablos de evidente corte sicalíptico.

[24] Todos los estudiosos de la heteronimia lopeznaviana han constatado que el brigadier García es José García Caneiro, coronel de aviación, piloto de caza, filósofo, narrador y poeta (y por encima de todo inolvidable y querido hombre de bien), que emprendió su último vuelo en este mundo en primavera de 2021.

Soneto doblemente enano en el que Sir Yago de la Eterna Encrucijada, caballero aventurero *ma non troppo*, reconoce la superioridad poética de su señor el Conde de Abascal en el artificio de las rimas enanas y asume asimismo la dificultad de desempeñarse en el arte del enanismo poético[25]

no moran ni en mi seso ni en mi ciencia
esa rara invención ni sus arcanos:
cómo rimar mis versos —son enanos—
si no veo en mi musa sino ausencia.

no es caso sin razón, no: con vuecencia
en vacaciones vive, sueños vanos,
sé cuán necia es mi voz, sé cuán insanos
son mi canción, mi numen, mi conciencia.

suenan a exceso mismo esas misiones,
no mueren en un mar, sino en marisma,
sus escasos recursos son su sino.

nos sisan en rimar sus ocasiones,
se van, mas nunca vemos su carisma,
sin señas recorremos su camino.

---

[25] En los meses siguientes a la publicación de *un verso en una casa enana* (el uso de la minúscula en "un" es deliberado, como luego se entenderá) de Pablo Moíño (La Discreta, 2017), y animados por el juego de la *contrainte du prisonnier* (consistente en escribir usando exclusivamente las letras que no sobresalgan de la línea ni hacia arriba, como la "b", ni hacia abajo, como la "j", e inventado por el Oulipo, ese grupo literario francés creado a mediados del siglo pasado con el ánimo de renovar lúdicamente la escritura creativa), los miembros del comité editorial de La Discreta se entregaron con auténtico furor a la escritura de "textos enanos", que dieron en llamar ingeniosamente "oulipolleces". Este soneto y el siguiente son una muestra de esa actividad, tan desatada como gratuita.

Lo más fatal aún (si cabe) (soneto enano de muy dolorida ausencia de Sir Yago de la Eterna Encrucijada)

no con mi voz, canción, sus voces suenan,
ni se mecen sus sueños con mi nana.
canción, si eres sincera, no eres vana,
verás cómo esos sones me envenenan.

no es acre su veneno, sino suave,
ni se anuncia en su aura ese error mío,
nace en venero mínimo su río
mas en su mar se va a morir mi nave.

canción, si no me curas, no más suenes.
reviva en su renuevo esa voz mía.
no encierres ni mis versos ni mi amor.

no me envenenes más, no me envenenes,
mira cómo en su oscura cercanía
un cuervo me susurra *nevermore*.

Sir Yago de la Eterna Encrucijada, caballero aventurero *ma non troppo*, saluda la verdadera destreza del maestro Bomprezzi, primera espada del Reino[26]

> Callen las lenguas y hablen las espadas.
>
> BERNARDO DE ARTEAGA Y MONTALVÁN

Aquesta es la destreza verdadera
vertida en magistral discernimiento:
la danza del acero en movimiento,
la ciencia de esgrimir, siempre certera.

Fintar y divertir, tomar aliento
de atajos y desvíos a la espera;
librar tocado o herido. ¡Qué quimera
do busca el filo dar su acabamiento!

Séante, pues, lector, de harto provecho
del maestro Bomprezzi estas lecciones
escritas entre tretas y estocadas.

Apréstese el oído, ábrase el pecho,
arguyan los metales sus razones,
callen las lenguas y hablen las espadas.

---

[26] Una de las claves de la acreditada técnica del maestro de esgrima Alberto Bomprezzi, sin duda primera espada del Reino, es la inspiración en la denominada "verdadera destreza", escuela de esgrima española creada por Jerónimo Sánchez de Carranza a finales del siglo XVI cuyo método fue perfeccionado a lo largo del primer tercio del siglo XVII por Luis Pacheco de Narváez.

Sir Yago de la Eterna Encrucijada, caballero aventurero
ma non troppo, **honra al ínclito, preclaro y nunca bien**
ponderado doctor Carlos Mata Induráin, artífice y
muñidor de las jornadas cervantinas de
la noble villa de Mota del Cuervo

Nunca se oyeran cosas en La Mota
(la verdadera historia lo relata)
como las que dijera el doctor Mata,
venero de saber que no se agota.

Que mucho sabe mucho y bien se nota
y en su decir pulido se retrata
cuán reciamente burla y desbarata
a la ignorancia rota en su derrota.

Diserte el doctor Mata; el necio aprenda.
No calle el doctor Mata; el necio calle.
Ríndase la estulticia a la elocuencia.

Lo dice de La Mancha una leyenda:
la Tercia se llenó por escuchalle
y fue Mata en La Mota todo ciencia.

Nueva carta de derrota del grumete James Wolfson[27]

Con una misiva de Sir Yago de la Eterna Encrucijada al Conde
de Abascal y las nunca bien ponderadas advertencias
de Su Excelencia sobre los riesgos del apego de
James Wolfson al Ponto traidor y proceloso

El corazón ruge como una fiera
por lo que nos han hecho.

CHARLES BUKOWSKI

Velas e vents han mos desigs cumplir
fahent camins duptosos per la mar.

AUSIAS MARCH

De cuantas cosas me cansan,
fácilmente me defiendo;
pero no puedo guardarme
de los peligros de un necio.

LOPE DE VEGA

A mi señor el Conde de Abascal,
martillo de mediocres, flagelo de estultos

---

[27] Este poema, que por un lamentable error del jurado obtuvo el XXVI Premio de Poesía de Humor Jara Carrillo en 2010, fue publicado por primera vez en 2012 en edición no venal limitada y numerada (75 ejemplares) por la muy sospechosa y más que probablemente apócrifa Casa Editorial Sadness y Freire, con una misiva de Sir Yago de la Eterna Encrucijada y una severa admonición previa del Conde de Abascal, dedicatario de la obra. En 2020 fue publicado por el Ayuntamiento de Alcantarilla con los textos de los ganadores y finalistas del certamen en las ediciones de 2010 y 2011.

Sir Yago de la Eterna Encrucijada al Conde de Abascal

Excelencia:

Yendo yo en pos de aventuras no mucho tiempo ha, recalé por azar en las ruinas de un convento de la Orden de la Santísima Paciencia en el que di en refugiarme de una copiosísima tormenta, tan dañina por su ferocidad, a fe, como el más horrible de cuantos jayanes y vestiglos haya yo topado nunca en mis andanzas.

Buscando un lugar adecuado para pasar la noche, pues el día declinaba sin que el cielo dejase de ofenderme con lluvia tan pertinaz, hallé una angostísima gruta por la que me deslicé (quiero decir que me caí) hasta una suerte de recámara misteriosamente iluminada por unas teas de rarísima consistencia que ardían como si su llama fuese cosa de otro mundo.

Asombrado por la nueva aventura, que sin duda lo era, reparé en un añoso arcón que condenaba un valiente candado. Consciente de las obligaciones de mi oficio, desenvainé mi espada para obrar con más ligereza, la deposité a un lado para no cortarme y, requiriendo una muy sutil horquilla que llevo conmigo para estos menesteres, forcé la cerradura con más maña que Caco y hallé un manuscrito que me dispuse a leer al punto.

Al ver que los papeles que hallé contenían la trágica narración de las desventuras del grumete James Wolfson y las sensatísimas advertencias que vuecencia le hizo un día sobre los riesgos de su próxima empresa oceánica, me pareció de rigor entregarlos a la acreditada casa editorial Sadness & Freire para dar a la luz la historia.

Recíbala ahora vuecencia, acaso sin noticia alguna hasta hoy de estos versos que os fueron dedicados, y con vos recíbanla también todos cuantos quieran conmoverse con las desdichas de James Wolfson, ya perdido para siempre en los ávidos intestinos abisales del tiempo que todo lo acaba y devora.

Criado de vuecencia,

Sir Yago de la Eterna Encrucijada
Caballero aventurero, *ma non troppo*

Su Excelencia el Conde de Abascal advierte inútilmente al grumete James Wolfson

Como todos los idealistas y gran parte de los necios, el grumete James Wolfson amaba el mar y ponderaba con vivos extremos la supuesta belleza del océano.

—El mar es feo —le repetimos, ya con hastiada resignación, la última vez que el azar y los *gin-tonics* nos depararon un inopinado encuentro—. ¿No habéis leído a Bukowski?

Y al punto, mientras Nos comenzábamos a desgranar, con opaca cadencia, la versión en castellano del enjuto poema en el que se había cimentado nuestra inexplicable —por lo desigual— amistad, Wolfson empezó a recitar, con pulquérrima dicción oxoniense:

I met a genius on the train today about 6 years old, he sat beside me and as the train ran down along the coast we came to the ocean and then he looked at me and said, "it's not pretty".	Hoy conocí a un genio en el tren como de seis años de edad; se sentó a mi lado y, mientras el tren corría por la costa, llegamos al océano. El niño me miró y me dijo: "el mar no es nada bonito".
It was the first time I'd realized that.	Fue la primera vez que me di cuenta de ello.

El juego, que se venía repitiendo desde hacía ya varios años, tuvo lugar esta postrera vez en un sórdido puticlub de Puerto Williams. Enterado de nuestra inaudita presencia en el enclave urbano más austral del mundo, Wolfson se apresuró a cruzar el Canal de Beagle para acudir a cumplimentarnos como nuestro linaje y condición ameritan. Tanto nos alegró su visita que a pique anduvimos de apearle el vos y depararle un amical tuteo; pero su humilde rango de grumete —del que, por propia voluntad, no había promocionado en su ya dilatada trayectoria marinera— hacía muy cuesta arriba esta flagrante violación del decoro y las buenas maneras.

—¿No será, por ventura, un nuevo naufragio lo que os ha arrojado a estas pudendas latitudes? Avisado os tenemos de que ese mar al que tanto amáis os ha de costar el pescuezo.

Reconoció que sí: que había vuelto a naufragar y que, acunado milagrosamente entre los pecios de su desvencijada embarcación, había recalado en el desangelado puerto de Ushuaia, donde no bien se reponía cuando recibió la venturosa nueva de nuestro arribo a la remota fortificación chilena. Y supimos también, porque no quiso mentir (¿osaría alguien hacerlo ante Nos?), que otra vez había sido su incorregible quijotismo lo que le había puesto en remojo. Conociendo, como conocíamos, su atolondrada entrega a la defensa de las causas perdidas y su innata propensión a la derrota, en poco o nada vino a extrañarnos este nuevo hundimiento de Wolfson.

Él, por no ser menos, disimuló como pudo la perplejidad que sin duda le causó la confesión de que Nos estábamos en Puerto Williams movido por la mera extravagancia de probar un *gin-tonic* enfriado con hielos de la Antártida.

—Según parece, más abajo de esta inmunda ciudadela hay tanta mengua de civilización que ni siquiera puede hallarse una barra americana abierta. Así que con los hielos de aquí hemos de conformarnos.

—¿Y ha dejado Vuestra Excelencia la corte de su Católica Majestad solo con el propósito de acometer tan bizarro alarde?

—Bueno, lo cierto es que andábamos a vueltas por la Patagonia, recorriendo algunas heredades... Ya sabéis: *"Tengo cien lanzas combatiendo en Flandes, / mil siervos en las faldas de los Andes, / calderas y pendón, horca y cuchillo..."*. Podéis, si os place, sentar plaza de capataz en una amena hacienda nuestra que anda muy querenciosa de gobierno, y abandonar así, de una maldita vez, vuestra insalubre inclinación al salitre, a los ventarrones húmedos y a la podredumbre de las sentinas.

Y cargamos de nuevo contra el mar. Le dijimos la verdad: que aun cuando está plácido, rumoroso y arrullador, meloso y envolvente en su fingida calma chicha, es feo, maloliente y repulsivo como una vieja solterona acicalada para requerir de amores; y que, embravecido y furibundo, altilocuente de galernas e hiperbólico de plúmbeos nubarrones, resulta histrión como un adolescente ebrio, e histérico cual ramera ofendida y deslenguada. Le ponderamos el sosiego de la vida mesetaria, tan descuidada de zozobras, escoras y hundimientos. Y le instamos, ya que no abjuraba de su torpe filiación marinera ni renegaba de su fe en Neptuno, a que se guardase mucho de los mil peligros que le aguardaban en los procelosos piélagos del orbe, acaso encarnados, más que en la consabida amenaza de piratas y tormentas, en la inquina de los contramaestres-de-la-necedad y el despecho de los capitanes-de-la-estulticia (especialmente si alardeaban de políglotas o, cuando menos, de bilingües).

Pero James Wolfson era un enfermo de agua salada para el que no había ya remedio alguno. Febril, anclado a su pasión marina o virando al socaire de nuestras andanadas, tan pronto replicaba con argumentos de su propia peripecia naval, como se veía —nutrido su magín por la contundente inspiración de los *gin-tonics* antárticos— faenando con los balleneros del *Pequod*, o buscando tesoros con la tripulación de la *Hispaniola*, o compartiendo rumbo, negocios y aventuras con Maqroll el Gaviero. En el punto culminante de su lúcida borrachera, cuando de un salto se libró de los cañonazos que desmantelaban el *Santísima Trinidad* para caer de pie, gallardo y bravucón, sobre la recia cubierta de *La Mala Zorra*, contuvo los vaivenes de su disparatada deriva y nos preguntó:

—¿Y llegó hasta aquí en avión, por ventura, Vuestra Excelencia?

—Ni por pienso. No hemos vuelto a volar desde que Dativo, enterado de que viajamos a Tunicia en aeronave, nos zahirió con esos versos burlescos en los que se mofaba tanto de nuestra incursión en la morería como de haber llegado allí a lomos de Clavileño.

—No los recuerdo agora.

—Ni habréis de recordarlos mañana, ¡pesia tal!, si os empecináis en el dislate de emular nuestra codicia de ginebra. Hablo de ese famoso romance que empieza diciendo "Conde moro, conde moro, / renegado de las cruces, / gran bastardo de abascales, / primogénito de abdules", y que concluye con "Mira que el vulgo pregona, / desde que volaste a Túnez: / ¡Cuarto y mitad de Abascal / se ha puesto ya por las nubes!".

—¡Cuerpo de Cristo, y consejos vendo que para mí no tengo! —sentenció, algo amoscado, el bueno de James—. ¿Conque la mar es fea, las naves frágiles y la grey marinera bárbara y temeraria, y pasa vuecencia el Ecuador engolfado en sepa Dios qué viejo cascarón de nuez, desafiando escollos y huracanes, por un quítame allá un puñado de octosílabos y media cubitera de hielos? ¡A la iglesia no voy porque estoy cojo, y a la taberna voy poquito a poco! De la crianza y la magnanimidad de vuecencia se espera algo menos de chanza y un poco más de amor hacia este peligroso oficio de aventureros pobres e idealistas, que, desafiando los arbitrios del oleaje, acometemos empresas imposibles con la única esperanza, por todo galardón, de dejar impreso un recuerdo imborrable en los corazones de los agraviados.

—En sus corazones, James... y quién sabe si también en sus intestinos. ¿Otro *gin-tonic*?

Conde de Abascal

Invocación a la musa

Despierta, vaga musa, de tu siesta,
y alumbra mi menguado y torpe plectro
para contar mi amarga singladura
por mares en extremo procelosos.

James Wolfson se presenta

Sabed, pues, ¡oh mortales!, que es mi nombre
James Wolfson, y mi oficio el de grumete,
y un día me lancé con harto riesgo
en brazos del océano agitado
por tempestades y otras amenazas
para emprender hazañas nunca oídas
(y ya sé que engolfarse en casos tales
es imprudencia grande y desatino).

James Wolfson pasa revista y se hace a la mar

Antes de hacerme al mar soltando amarras
pasé revista a mi inestable pecio
y constaté que todo estaba en orden:
las velas eran mapas de agujeros
y las vías de agua generosas;
de lo que fuera quilla había solo
un mínimo vestigio ya hecho astillas;
lo del timón, mejor no meneallo,
y el ancla era una chapa de cerveza.

Al menos no faltaban provisiones:
apenas un barril de agua sucísima
y un trozo de bizcocho putrefacto
que caminaba solo por cubierta
movido por sus muchos habitantes.
Como yo era el tripulante único
(lo cual simplificaba las reuniones)
alcé mi nueva carta de derrota
sin dilación, sin tregua y sin excusas,
y me adentré en el Ponto furibundo
con un par de narices solamente
(de las que riman, digo, con riñones,
y están de ellos apenas a tres cuartas).

Encuentro temprano con el Espíritu
de las Aguas Turbulentas

No bien dejo del puerto la bocana,
cuando un estruendo horrísono me anuncia
la fantasmal presencia de algún ente
de los muchos que moran en el piélago.

—¿Adónde vas, oh James, alma de cántaro?
Escucha mi advertencia. Quien te habla
es el antiguo espíritu que habita
en estas aguas siempre turbulentas
(aún más que aquellas otras que cantaron
los sin iguales Simon y Garfunkel).
No sigas, insensato, tu derrota,
pues muy grandes peligros te amenazan.

—A buenas horas —dije—, mangas verdes.
Más te valdría haberte aparecido
en sueños, cuando aún estaba en tierra.
Yo he de seguir, pardiez, pese a quien pese.

Encuentro con el barco de los cretinos bilingües

Dejé atrás al espíritu, y al punto
vide venir un barco en lontananza.
Estaba tripulado por sujetos
con cara de despiste y aturdidos
que no sabían bien a dónde iban.
Era un barco maldito que se hallaba
perdido y sin remedio para siempre.
—¡Ah del barco! —grité. —¡Decid quién manda!

Entonces contestaron varias voces
en una incomprensible algarabía:
—¿Quieres saber quién manda? *It's imposible,*
pues *everybody* hace lo que quiere
y luego nadie acata las *instructions.*

Ya ves qué agotador es nuestro *schedule.*
This is the greatest chaos de los océanos.
It's for your information, mayormente.

Encuentro desastroso con Grandísimo Memo Mc Silly

Antes de que su hechizo me prendiese,
rectifiqué mi rumbo a todo trapo
(si tal fuera posible a mi velamen)
y tras una jornada sin sosiego
aún me aguardaba un más atroz peligro:
llegado desde el fondo del Averno
un galeón pirata me abordaba,
mandado por Mc Silly, el más malvado
de cuantos memos surcan estos mares.

—Ya estás a mi merced. Reza y despídete,
pues tengo por costumbre hacer añicos
a aquel a quien adornan raras prendas.
Tú no me has hecho nada, y eso basta.
Como castigo justo a tu inocencia
te dejaré sin barco alegremente.
Resígnate, James Wolfson. No hay remedio.

Esto dijo el villano y al momento
hundió mi frágil nave a cabezazos
y vime a la deriva sobre un remo,
mientras él celebraba su ocurrencia
con viles carcajadas que aplaudían
sus pérfidos esbirros babeantes.

James Wolfson a merced de la galerna

Y por si mi desgracia fuera poca
no tarda en desatarse una galerna
con olas de entre quince y veinte metros
que me llevan y traen como un cascajo.

Cuando por fin el temporal amaina
parece que diviso, aunque lejana,
la línea incierta de una costa ignota
a la que sin demora pongo rumbo
con pocos bríos ya y sin esperanza.

Lucha contra los calamares gigantes
(en la que participan ellos solos)

¡Tonto de mí si ya me imaginaba
que todo era nadar sobre mi remo!
Pues hete aquí que surgen del abismo
dos ejemplares feos y letales
de calamar gigante, bestia inmunda
dotada de mortíferos tentáculos,
que nunca alberga buenas intenciones.

Para llenar su mucho tiempo libre
(que en esta infinitud es harto el tedio),
celebran a lo largo de seis horas
un juego de pelota con grumete,
con un golpe final que me transporta
molido hasta la playa y agotado.

Encuentro con indígenas de dudosa actitud

Allí veo venir a muchas gentes
(indígenas sin duda de estas tierras
con menos ropa encima que un lebrato)
que me miran alegres y solícitas.

Aunque no entiendo su lengua imposible,
veo que se relamen y hacen guiños
(extraño ritual de bienvenida),
y mientras cantan himnos triunfales
con voces guturales y terribles,
me llevan en volandas a su aldea,
donde todos celebran mi llegada.

Agasajado en la aldea, James Wolfson escribe su historia, que queda misteriosamente interrumpida

Me asignan una choza confortable
donde un día habitara otro cristiano
salvado de las olas inclementes
por esta tribu tan hospitalaria.
Aquí encuentro por fin alguna ropa,
recado de escribir y una escudilla
que llenan sin cesar mis anfitriones
de sabrosas viandas que me placen.

Mientras escribo mi última derrota
(y bien se echa de ver que en dos sentidos)
en este mi cuaderno de bitácora,
oigo a mis salvadores que preparan
un gran festín, sin duda en mi homenaje,
y han encendido un fuego que calienta
una caldera donde cabe un oso [...]

Epitafio del misionero fray Abundio
de la Santísima Paciencia

Aquí yacen los huesos de este náufrago
que se llamó James Wolfson. Esta tribu
que un día fue pagana lo encomienda
en sus pías plegarias, a diario,
y guardan un recuerdo sabrosísimo
de su presencia, breve y nutritiva.
Me conmovió tu historia. Duerme en paz.
Sit tibi terra levis, oh grumete.

**Epitafio agradecido de Ngunga Kawakango, vate titular
de la tribu antropófaga de las Costas de Poniente**

James Wolfson, bingobingo, mangomango,
ñam-ñam, slurp-slurp, kewenotú,
añaca ñaca Ngunga Kawakango.
¡Auamba baluba balambambú!

FIN
de la nueva carta del grumete James Wolfson

LAVS DEO

Ultílogo
(El autor toma la palabra al final del libro para
no decir nada relevante)

Llegados a este punto me propongo
ser yo quien hable. Callen heterónimos.
Yo mismo, con mi nombre y apellidos,
Santiago A. (punto: Alfonso) López Navia,
dispuesto a no aclarar ninguna incógnita
de todas cuantas pesan sobre mí.

Por qué soy del Atleti es la primera,
y la segunda por qué soy abstemio,
después por qué me gusta el rock y al fin
y sobre todo por qué soy cristiano
(alguna más habrá, pero estas cuatro
se acaban convirtiendo en recurrentes).
Vayamos poco a poco y punto a punto,
que toda prisa en esto siempre es mala.

¿Cómo se explica que siga a un equipo
hecho a sufrir cuando otros ganan todo?
¿Perder me gusta acaso? *Vae victis!*
Y yo contesto con otra pregunta
(que en algo han de notarse mis raíces):
¿acaso ganar siempre es divertido?
¿Puede haber algo más edificante
que la lección que encierra la derrota?
¿Y no sabe mejor una victoria
si le falta la sal de la costumbre?

Me preguntáis también por qué no bebo,
poeta yo y probable candidato

a una secta entusiasta de noctívagos
insomnes, perdularios y dipsómanos,
como es propio de vates y se puede
leer de la bohemia en los anales.
¿Acaso no hay también un don posible
en los dominios de la sobriedad,
o es que la inspiración solo se logra
con el beso encendido de la absenta?

También os preguntáis por qué tan culto,
tan serio y grave yo, tan circunspecto,
me declaro rockero impenitente
al tiempo que amo la música clásica.
Lo siento, pero por más que me esfuerzo,
no se me alcanzan vuestras objeciones.
¿Dónde está escrito que es incompatible
amar al mismo tiempo a Shostakovich,
a Bach, a Brahms, a Elgar y a Rodrigo,
que a Manowar, Metallica, Deep Purple,
Bruce Springsteen, Miguel Ríos o Triana?

Y para terminar me preguntáis
algunos que os consideráis ateos
por qué soy un cristiano sin reservas
yo, tan sesudo; yo, tan racional
(esto es lo que decís; *relata refero*).
¿Acaso yo os demando explicaciones?
¿Acaso yo me afano en convertiros?
Dejadme con mi fe, que me sostiene
y alumbra lo que digo y lo que hago
y encuentra su sentido en el amor
que nunca pesa y que tampoco pasa.

Ya está. No hay más que hablar. Todo está dicho.
En mis preguntas tenéis las respuestas.
Abstemio, colchonero, hombre de fe,
rockero y todo a jornada completa,
yo os quiero a todos y tan solo os pido
que me queráis un poco. Nada más.

ÍNDICE